LA GUERRE

DE

TROIS MOIS.

Il a été déposé à la Bibliothèque les exemplaires voulus par la loi, suivant la rigueur de laquelle je poursuivrai tout contrefacteur ou débitant d'éditions contrefaites.

LA GUERRE
DE
TROIS MOIS,

PAR

Xavier SCROFANI, Sicilien, Correspondant de l'Institut national de France ;

Traduite de l'Italien, par F. D. BREMOND, Adjudant-Commandant, Sous-Inspecteur aux Revues, Intendant de Stralsund et Membre de la Légion d'honneur.

Quid prius in hac mirere victoriâ ?
Velocitatem an felicitatem ?
Luc., Flor. lib. III, cap. 6.

~~~~~~

DE L'IMPRIMÉRIE DE J. GRATIOT.

~~~~~~

1809.

PRÉFACE
DU TRADUCTEUR.

Depuis la renaissance des lettres, plusieurs grands écrivains en prose, plusieurs historiens, illustrèrent l'Italie, et prouvèrent que la langue italienne étoit susceptible de force, de précision, de noblesse; en un mot, aussi propre à écrire l'histoire que la poésie. En effet, Bembo, Machiavel Guiachardini, etc., qui écrivirent en prose, sur divers sujets, ne laissent rien à désirer en ce genre. Leurs ouvrages respirent le goût, joignent à la pureté de la langue, l'élévation, l'originalité de la pensée, et sont encore les délices et les modèles de tous ceux qui cherchent à les imiter.

Le siècle des Médicis produisit aussi des prosateurs, qui traduisirent, d'une manière distinguée, les classiques grecs et latins, et sans les citer ici, il suffit de nommer Davanzati, qui dans sa traduction de Tacite, où il a répandu toute la force et la concision dont la langue italienne peut être susceptible, a presque égalé son modèle.

Dans les tems postérieurs, la langue de l'histoire s'affoiblit en Italie et s'y perdit presque entièrement, et tandis que de nos jours, cette belle contrée citoit, avec orgueil, des poëtes tels que Alfieri, Parrini, Casti, Cesarotti, Monti, Gianni Pignoti, etc., elle pouvoit à peine compter un historien, un prosateur, et l'on regarde comme les derniers écrivains en ce genre, Giannoni, connu par son histoire de Naples, et M. l'abbé Denina, par celle de la Grèce et des révolutions d'Italie.

M. Scrofani, Sicilien, déjà connu par son Voyage en Grèce, son Cours d'agriculture et ses Mémoires sur l'économie politique et le commerce, ouvrages qui ont été traduits en Français, en Allemand, en Anglais, est venu réveiller dans sa patrie le goût pour la saine littérature, et en se mettant à la tête des écrivains en prose de l'Italie, il a prouvé victorieusement que la langue italienne s'adaptoit à toutes les manières d'écrire.

Il vient de publier récemment l'Histoire de l'immortelle et dernière campagne de l'Empereur NAPOLÉON, et celle des deux guerres des esclaves en Sicile, du tems des Romains. Ces deux ouvrages réunissent les qualités qu'on exige de l'historien, un plan régulier, une marche sûre et rapide, une diction pure et noble. Quoique tous les deux soient d'un mérite égal, je n'ai pu résister au désir de faire passer dans notre langue, celui qui présente un si grand intérêt pour des Français.

Il seroit à désirer que M. Scrofani, qui dans ce moment s'occupe, à ce que l'on assure, à écrire l'histoire de la conquête de l'Italie, jusqu'à la paix de Lunéville, par les troupes françaises, sous le commandement du Héros qui tient aujourd'hui dans sa main les destinées du monde, fasse bientôt jouir le public de cet ouvrage important, attendu avec empressement par l'Italie et par tous les gens de lettres de l'Europe.

LA GUERRE
DE
TROIS MOIS.

Le traité de Lunéville avoit rendu la paix au Monde; la France et l'Angleterre faisoient seules une guerre plus terrible encore par la haine, que funeste par ses résultats: ainsi s'écouloit la cinquième année du consulat de Napoléon Bonaparte, lorsque tout à coup se liguèrent secrètement contre lui, presque tous les potentats de l'Europe.

L'Empereur Ottoman, le roi des Deux-Siciles et plusieurs autres petits souverains, qui d'abord ne s'étant point déclarés, se montrèrent bientôt liés d'intérêt aux grandes puissances, n'attendoient, pour éclater, que les premiers succès; excités qu'ils étaient tous par l'Angleterre, devenue l'âme et le conseil de cette étrange coalition.

On ignoroit alors le lieu, l'époque et les conditions qui avoient ainsi réuni tant de pirnces contre un seul, et si des principes d'équilibre politique, ou des animosités personnelles avoient fait entrer dans cette alliance le Suédois et le Russe, aussi éloignés de la France par les pays et les mers qui les séparent, que par leurs langues, leurs mœurs et leur renommée. Ce qu'il y a de certain, c'est que tandis que les uns répandoient l'or et promettoient l'assistance de leur marine, les autres, sous de vains prétextes, rassembloient en secret des armées nombreuses, et formoient des magasins d'armes et d'approvisionnemens de guerre.

A cette même époque, une vile conjuration tramée hors du continent contre les jours du Consul, vint éclater à Paris, et sembla précéder un plus grand incendie, qui alloit s'allumer de toutes parts. C'est avec peine que l'on vit tremper dans ce complot, et se confondre avec une troupe stipendiée de brigands obscurs et méprisables, deux hommes un instant célèbres par la gloire des armes. Malgré ces deux conjurés, cette conspiration fut facilement étouffée dès sa naissance, par l'exil ou la mort des coupables; mais il en résulta que l'on fut convaincu de la nécessité de mettre un terme aux dissensions civiles, et de faire succéder à la vicieuse et mobile organisation de la République, le gouvernement héréditaire d'un seul, sagement préparé par quatre années de consulat.

C'est dans ces circonstances, que sur la demande du Sénat et d'après le vœu exprès du peuple, BONAPARTE créa l'Empire Français et en devint Empereur; ce fut alors que fermenta plus que jamais la rage de ses ennemis, qui ne pensant qu'à l'exécution de leurs vastes desseins, réunirent tous leurs efforts pour arracher par les armes, ce qu'ils n'avoient pu obtenir par les complots et par les assassins. Il n'est pas inutile de montrer les époques, les lieux, l'ordre et les moyens avec lesquels ils résolurent enfin de tomber inopinément sur la France.

L'empereur d'Allemagne devoit, avec deux armées formidables, troubler le premier la paix qu'il n'avoit jamais enfreint impunément. La première, en Italie, forte de cent quarante mille combattans, sous les ordres de son frère le prince Charles, étoit destinée à soutenir tout le poids de la guerre; tant on étoit persuadé que NAPOLÉON commanderoit en personne dans ces contrées marquées par ses triomphes, et qu'il confieroit à ses généraux les armées d'Allemagne.

La seconde, de cent vingt mille hommes, qui alloit agir sur les États germaniques, placée, en apparence, sous le commandement de l'archiduc Ferdinand, jeune prince plein d'ardeur et de courage, étoit subordonnée à Mack, aussi fécond en plans de campagne pendant la paix, que malheureux dans leur exécution pendant la guerre. Plus de cent mille Russes, accourus du fond de leurs climats glacés, se précipitoient vers le Danube, heureux de respirer sous un ciel moins âpre, impatiens de se mesurer de nouveau avec les Français, et, plus que jamais, présomptueusement assurés de la victoire, en voyant leur jeune monarque marcher à leur tête. Cinquante mille Anglo-Russes, rassemblés depuis deux ans à Malte et à Corfou, n'attendoient que le signal pour envahir les contrées napolitaines, et de là attaquer en flanc l'ennemi dans le cœur de l'Italie, tandis que, des extrémités de l'Europe, les Suédois accouroient à travers une mer orageuse.... Enfin, pour qu'à la fois, au même instant et partout, les Français fussent investis et attaqués, les nombreuses flottes de l'Angleterre furent destinées à parcourir toutes les mers, à s'introduire dans tous les pays, et à se répandre en tous lieux, de même que leur or pénètre dans les mains des ministres et jusque dans les trésors des princes.

Les puissances coalisées, cachant avec soin leurs projets et leur haine, prétextoient, pour cause de leur armement, l'agrandissement extraordinaire de la France et l'ambition de son nouvel Empereur, qu'ils représentoient, avec autant d'art que d'affectation, comme démesurée et insatiable. Il étoit cependant impossible d'en imposer à l'Europe, et de la tromper sur les motifs secrets qui les faisoient agir : aussi l'on se demandoit, avec anxiété, quel espoir on pouvoit fonder sur cette nombreuse coalition? quels guerriers on avoit à opposer aux guerriers français? quel général à leur général? si celui qui, en commençant sa grande carrière politique, avoit pu, dans une seule journée, disposer du sort de l'Italie, ne pourroit pas, lorsqu'il étoit devenu tout puissant, enlever, dans une seule campagne, l'Autriche et l'Allemagne, à l'Empereur et à l'Empire.

Les préparatifs des diverses puissances étoient si grands, et leurs machinations si multipliées, qu'on pouvoit dire que jamais on avoit vu les forces de l'Europe réunies dans des circonstances aussi formidables, ni se former une ligue menaçante avec autant d'appareil que de haine contre un seul homme; conjurer de longue main sa perte dans le secret de tant de rois, et la regarder cette fois comme inévitable.

Il est encore incertain si, comme on le disoit, le monarque français connût, dès leur origine, les desseins des ennemis. Parmi tant d'opinions différentes, les uns affirmoient que non-seulement il avoit été informé de leurs conventions, même les plus secrètes; mais qu'il ne s'étoit déterminé à prendre possession de la République italienne, des états de Parme et de Gênes, dont l'existence politique étoit incertaine, et qui désiroient ses lois, qu'après avoir tout fait, mais sans succès, pour dissoudre cette coalition terrible. Plusieurs autres prétendoient, au contraire, qu'il ignoroit leurs véritables projets, mais que méprisant leurs clameurs et leurs efforts, assuré du courage de ses braves, des ressources de son génie, et se fiant à son heureuse étoile, qui jusqu'alors lui avoit fait surmonter tous les obstacles, il comptoit sur la victoire. Presque tous, enfin, accusoient les deux partis d'être dévorés de la soif de l'or et de l'ambition de dominer. Ils maudissoient ces funestes passions, et les regardoient comme les seules causes des dernières guerres, et de celle dont on étoit menacé.

Tel étoit l'état des choses lorsqu'on apprit à Paris la marche certaine des armées autrichiennes et l'invasion de la Bavière. L'empereur des Français se trouvoit alors, avec ses légions, sur les bords de l'Océan, en face de la turbulente Albion, et méditant le hardi projet d'abattre, d'un seul coup, la puissance de cette orgueilleuse rivale de la France; mais à peine il fut informé de ce qui se passoit en Allemagne, que, comprimant dans son cœur la haine et la vengeance, il leva le camp de Boulogne, dirigea, à marches forcées, ses troupes sur le Rhin; résolu de commander seul dans cette nouvelle guerre, il se rendit dans sa capitale, et parla au Sénat en ces termes :

« Que n'ai-je pas fait pour donner la paix à cet Empire et au Monde ? et cependant, tandis que l'Autriche juroit de nouveau de respecter les traités qui nous lient, ses armées dépassent les frontières, envahissent le territoire de nos alliés, et recommencent la guerre. La guerre donc! puisqu'elle la veut ; mais qu'elle soit la dernière, qu'elle soit courte et terrible! il faut que chacun de nous, dans cette circonstance si importante, fasse son devoir : le mien est de combattre, le vôtre de maintenir la paix dans l'intérieur, et de faire voler sous mes drapeaux, les jeunes guerriers qui doivent les défendre. Je marche à l'ennemi à la tête des miens; je sais ce que peut leur valeur; mes braves me connoissent, et toujours la victoire nous fut fidèle. »

Après avoir ainsi parlé, il ordonne de nouvelles levées; il se réserve l'expédition d'Allemagne, comme un champ plus vaste qui lui est ouvert par la gloire, et il choisit pour son lieutenant, *Murat*, qui lui est attaché par les liens du sang et par les succès de la guerre; il fait marcher à gauche du pays d'Hanovre, se dirigeant sur le Danube, les troupes commandées par *Bernadotte;* sur sa droite, il ordonne à *Augereau* de se porter le long du Rhin et de la Forêt Noire, et il envoie commander en Italie, *Massena*, comme étant connu des Autrichiens par les victoires qu'il a remportées sur eux. Le 26 septembre, enfin, il rejoint à Strasbourg son armée forte de plus de cent mille hommes, il passe le Rhin, et s'avance, avec la rapidité de l'aigle, vers le centre de l'Allemagne.

On ne sait point encore si ce fut pour tenir en échec l'ennemi, qui se retranchoit sur le Neker, l'Iller, le Lech et les autres rivières de la Bavière, qu'il prit le chemin de la Souabe, au lieu de longer par le Rhin, les frontières de la Suisse, ou s'il dédaigna seulement de suivre la route que d'autres avoient déja tracée; mais, quel que fût son motif, le succès couronna son entreprise. Les Autrichiens, qui le croyoient encore sur l'Océan, pris au dépourvu, occupé de ses préparatifs et arrêté par la marche embarrassante de sa nombreuse armée, se livrèrent à une folle sécurité, attendirent le renfort des troupes russes, et, (par un aveuglement inconcevable), employèrent un tems précieux à relever les fortifications d'Ulm, de Memmingen, de Passau et d'Augsbourg. Leur monarque lui-même, fier de ce premier avantage, et plus éloigné que jamais de désemparer la Bavière, qu'il convoitoit depuis si long-tems, accourut à Munich, devenue presque désert par la retraite de son souverain, et vint se montrer à son armée, pour l'encourager à de nouveaux exploits, par son auguste présence.

Cependant l'empereur Napoléon pénétrait en Allemagne, tantôt suivant, tantôt précédant son armée, mais toujours avec elle; et tandis qu'en visitant les cours de ses alliés, on lui voyoit déployer toute la majesté du trône, on le retrouvoit après dans son camp, au milieu de ses soldats, qui, le voyant mêlé parmi eux, sentoient encore augmenter leur courage. Enfin, les troupes françaises, disposées à tout entreprendre, avoient fait, (comme par miracle), dix jours après avoir passé le Rhin, plus de deux cents milles, et vinrent prendre position sur le Danube, entre Munster, Donnawert et Ingolstadt, sans que les Autrichiens soupçonnassent leur départ. A peine arrivé sur les bords de ce fleuve, qui naguère avoit vu flotter les étendards français, Napoléon salua ces rives qui lui présageoient des triomphes. Il fit passer son armée sur trois points, et il marcha à l'ennemi.

A la première nouvelle de son approche, l'armée autrichienne fut saisie d'épouvante, la terreur s'empara des esprits, et dès-lors il fut facile de prévoir de quel côté seroit la victoire. Napoléon, pour profiter de cet avantage, ne voulut pas donner aux Autrichiens le tems de se reconnaître : malgré la neige et les pluies continuelles, il fait défiler devant lui ses bataillons sur le pont du Lech; il les enflamme du désir de la gloire, et augmente leur dévouement pour sa personne; ensuite il envoie *Bernadotte*, avec des forces suffisantes, au-devant des Russes, qui s'avançoient par la Moravie; il fait de gros détachemens auxquels il prescrit de chercher, de prendre ou de disperser les troupes ennemies, répandues sans ordre et de tous côtés dans la Bavière; et il leur assigne, après cette expédition, le point où ils doivent le rejoindre. Ces mesures, si bien combinées, eurent tout le succès qu'il en attendoit, et avant qu'une affaire générale eût eu lieu, il avoit fait plus de huit mille prisonniers, sans compter les morts et les blessés; il avoit forcé les Autrichiens d'abandonner toute autre position, et de se jeter, avec toutes leurs forces, dans la ville d'Ulm. Alors il vint asseoir son camp devant cette forteresse, bien persuadé que le sort de la campagne dépendoit, en partie, de la prise de cette place.

La ville d'Ulm est heureusement assise sur la rive droite du Danube; et quoique ses anciennes fortifications fussent démantelées et qu'elle fût hors d'état de soutenir un long siége, les Autrichiens en avoient fait l'entrepôt de leurs magasins ; ils en regardoient l'occupation comme d'autant plus avantageuse pour eux, qu'ils comptoient sur la quantité de routes qui, du fond de l'Allemagne, viennent y aboutir, pour pouvoir renvoyer les troupes inutiles à sa défense, et attendre que la garnison fût secourue ; mais NAPOLÉON fit bientôt évanouir toutes ces ressources : il fit investir la ville de tous côtés, pressa vivement le siége, et ôtant à l'ennemi tous les moyens de fuite ou de défense, il ne lui laissa que l'alternative de capituler, ou de s'ouvrir un chemin l'épée à la main. L'honneur devoit lui dicter ce dernier parti, et la peur lui conseilloit le premier.

Dans cette situation embarrassante, un conseil de guerre s'assemble ; mais la Discorde, inséparable des grands revers, vient y agiter tous les esprits : elle souffle le désir de la gloire dans le cœur du jeune Ferdinand, qui, après avoir proposé à ses officiers de tenter, les armes à la main, une sortie, entraîne dans son parti les vieux guerriers et l'impétueuse jeunesse qui brûle de se signaler. La Discorde n'est pas satisfaite ; elle soulève en même tems, contre Ferdinand, le général

Mack, qui alors fait connoître les ordres secrets de son Souverain, qui confient à lui seul le commandement suprême. Il représente combien les forces des Français sont supérieures; il peint la confiance audacieuse que leur donnent et leurs succès récents et la présence de BONAPARTE, et il conclut en proposant de rendre Ulm et sa garnison prisonnière; il ajoute que ces bataillons, dont la perte seroit sans aucun avantage par une défense désespérée et inutile, pourront un jour être rendus et servir utilement la cour de Vienne. A cette proposition, l'indignation éclata de toutes parts; l'Archiduc Ferdinand, aussi humilié qu'irrité, résolut de périr courageusement avec ceux qui consentiroient à suivre son sort, plutôt que de se rendre sans combattre. La nuit, il s'échappe en silence, et la fortune secondant son audace, quoique vivement poursuivi par *Murat*, il parvient à rejoindre, avec un petit nombre des siens, les troupes autrichiennes qui se rassembloient dans la Moravie.

Le moment convenu pour la reddition d'Ulm, en cas qu'elle ne fût pas secourue, vint enfin à paroître, et les portes furent ouvertes au vainqueur.

Jour de triomphe pour lui, et de honte éternelle pour les vaincus! vingt-cinq mille soldats, l'élite des armées autrichiennes, livrent le boulevard le plus important du trône de leur maître, et se rendent prisonniers de guerre. Ces braves, le front couvert d'indignation, abattus par ce revers, défilent devant le nouvel Empereur, viennent déposer à ses pieds leurs aigles orgueilleuses; et le triomphateur, au comble de la gloire, ne peut s'empêcher de plaindre et d'estimer ces guerriers malheureux.

C'est ainsi que, sans que la Germanie fût arrosée du sang de ses soldats, NAPOLÉON, vingt jours après avoir dépassé les frontières de son empire, avoit pris ou dispersé la plus grande partie de l'armée ennemie, reconquis la Bavière, et s'avançoit à grands pas pour attaquer son rival au sein même de sa capitale, jusque dans cette ancienne résidence des Césars, que des armes étrangères n'avoient jamais envahie.

Le bruit de ces prodigieux exploits se répand partout, et, pour la première fois, la renommée en publiant ces grands événemens, n'eût pas besoin de les exagérer; c'est alors que parurent au grand jour les haines anciennes, les alliances récentes et les liaisons douteuses; le voile qui les couvroit fut déchiré, et tandis que les amis se réjouissent et ne cachent plus leurs espérances, les ennemis frémissent et redoutent la vengeance prête à éclater sur leur tête. C'étoit un spectacle étrange de voir l'Europe troublée s'agiter de nouveau par des passions si contraires : ici, ceux qui n'attendoient pour agir, que les succès de la coalition, se dégagent prudemment de leur alliance; là, (comme il arrive toujours dans le prospérité), le courage, les forces et la fortune du vainqueur s'augmentent; et partout les vaincus font de nouvelles levées, hâtent l'arrivée des secours, répandent l'or, les promesses; excitent, animent à la défense et à l'attaque, non-seulement les troupes, mais les provinces et les nations mêmes.

Les vaincus et les coalisés cherchent surtout à entraîner la Prusse dans leur ligue; ils pressent ce Roi si connu par son amour pour la paix, de joindre à leurs armes ses nombreuses troupes, dont la valeur est si renommée, et qui, dans cet embrâsement général, étoient restées tranquilles spectatrices de ces nouveaux combats. L'Autriche et l'Angleterre lui envoient leurs ministres les plus habiles, les personnes les plus éminentes de leur cour, et enfin l'empereur de Russie, effrayé de la prise d'Ulm, se rend lui-même à Berlin, après avoir accéléré la marche de son armée vers le Danube.

Il seroit difficile de dire les motifs, les prières, les menaces qui furent employées dans cette circonstance, et par quels présens insidieux on chercha à éprouver l'ame impénétrable des Ministres et du Roi; mais quoique ce dernier eût déjà long-tems balancé, dans son esprit, non-seulement la vengeance qu'il pouvoit avoir à craindre de la part de ses redoutables voisins, ainsi que leurs offres, mais encore la puissance gigantesque de la France, et l'ancienne amitié qui le lioit au vainqueur; il résista enfin à toutes les intrigues, plus dangereuses pour lui dans le sein de sa cour, que la bataille la plus sanglante. Il paroîtra incroyable que tandis que de grands princes et des négociateurs expérimentés, cherchoient par tous les moyens à l'emmener à leur but, l'envoyé français quittoit subitement Berlin, comme dédaignant d'avoir recours à d'humiliantes sollicitations. On dit cependant qu'en retournant vers son maître, il lui porta l'assurance de la fidélité de la Prusse.

Les intérêts de la maison d'Autriche n'étoient pas dans une meilleure situation en Italie. Quoique le prince Charles y eût des forces bien supérieures à celles des Français, soit qu'il espérât que la paix pût encore avoir lieu, soit que la lenteur naturelle à sa nation l'empêchât d'agir, il perdit son temps en vains préparatifs dans son camp retranché de l'Adige. Il étoit sur le point d'entrer en campagne, lorsqu'il reçut, à la fois, l'avis de la prise d'Ulm et les ordres les plus pressans d'envoyer une partie de ses forces à la défense de l'Empereur et de sa capitale. A ces funestes nouvelles, on vit ce jeune Prince, si expérimenté dans l'art des combats, et en même temps si fort l'ennemi de la guerre, verser des larmes, prévoyant, dès-lors, les malheurs qui alloient fondre sur son frère et sur l'Empire. Son courage, cependant, ne l'abandonna point, il détacha aussitôt vingt escadrons, avec ordre de se rendre en Autriche, à marches forcées, et il résolut de les suivre avec son armée et de les rejoindre sous les murs de Vienne ; ce qu'il auroit exécuté, si son projet n'avoit été prévu par le plus grand des capitaines, et si les chemins de la Styrie ne lui avoient été fermés par les bataillons français qui se placèrent entre Vienne et lui.

Alors, quoique affoibli, par l'envoi des troupes qu'il venoit de faire, quoique vivement pressé sur ses derrières par *Masséna*, et inquiété sur ses flancs par *Bernadotte*, il prit une route presque impraticable, la seule qui lui restoit libre, et il se rendit en Hongrie en cotoyant l'Adriatique. Attaqué à chaque instant dans sa marche retrograde, il ne céda le terrain que pas à pas et sans jamais être entamé. L'ennemi perdit autant de monde que lui, et il sembla plutôt se retirer volontairement, qu'être poursuivi dans sa fuite.

Dans ces entrefaites, Napoléon avoit rendu ses états au prince de Bavière, et vingt mille Bavarois alloient apprendre sous lui, à combattre et à vaincre. Il divise son armée en trois corps, l'un est destiné à renforcer *Bernadotte* et à occuper la Styrie, la Carniole et la Carinthie ; le second, sous les ordres de *Mortier*, doit prendre position sur sa gauche, de l'autre côté et le long du Danube, pour arrêter la marche des Russes. Avec le troisième corps et avec sa garde, il vole à la conquête de l'Autriche et de sa capitale; son courage irrité se plaint de n'avoir pas à combattre de nouveaux généraux dignes de lui, et de n'avoir pas de nouveaux lauriers à cueillir.

La situation des Autrichiens n'étoit cependant pas si désespérée, qu'ils ne pussent se relever encore avec de la conduite et du courage. Les frontières de l'Autriche défendues par des fleuves, des digues et des forteresses, étoient encore intactes; et les débris de l'armée, auxquels s'étoient joints les renforts venus d'Italie, étoient en sûreté derrière ces triples remparts. Les Russes descendus dans la Moravie, ne respiroient que le combat; les Hongrois et les Bohémiens, si renommés par leur fidélité, se levoient pour la défense de leur Prince, et offroient de nouvelles troupes; vingt mille Suédois étoient débarqués en Poméranie, les Anglo-Russes se présentoient en même temps devant les côtes de la France, de la Hollande et du royaume des Deux-Siciles; les bataillons de Cassel et de la Saxe n'attendoient, pour marcher, que les ordres de la Prusse; enfin, les vaincus pouvoient même regarder comme utile à leur cause l'hésitation apparente de la cour de Berlin. Son monarque paroissoit vouloir la servir, en s'emparant des états d'Hanovre; et lorsqu'on le vit, en public, embrasser affectueusement Alexandre, avant son départ, on jugea que son inclination le portoit à se ranger du parti des alliés plutôt que de celui des Français.

Mais toutes ces ressources disparurent bientôt. L'Empereur d'Autriche, mal conseillé, ne sut pas les employer; l'armée se trouva sans chef, le soldat refusa d'obéir, les bataillons disséminés dans les villes et les citadelles, devenoient, plus facilement, la proie du vainqueur. Ceux qui s'étoient déjà mesuré avec lui, saisis de frayeur, n'osèrent plus lui tenir tête, et cette terreur s'empara des autres. La fidélité des Hongrois et des Bohémiens devint suspecte, par cela même qu'elle avoit éclaté plus promptement; les Suédois agirent avec lenteur, et les Russes arrivèrent harassés et épuisés par la longue route qu'ils venoient de faire. De l'autre côté, au contraire, une jeunesse guerrière venoit, à chaque instant, renforcer l'armée française, et accroître ses triomphes.

L'Empereur des Français arrive sur l'Inn et l'Iser, traverse ces rivières à la vue de l'ennemi, disperse, sans efforts, les premières troupes qui se présentent pour lui disputer le passage, et les force à prendre la fuite ; il passe le Traun et l'Enns ; il occupe, sans coup férir, Braunau et Lintz, qu'il trouve remplis d'armes et de vivres, et quoique l'arrivée des Russes, en Autriche, lui fît acheter plus chèrement ces avantages, il vint camper entre Lambach et Steyer, décidé à y soutenir les derniers efforts de l'ennemi ; mais l'ayant attendu vainement, il va lui-même à sa rencontre à Naydoffen, à Marienzell, à Lilenfeld et à Neudstad. Il harcèle sans relâche les Autrichiens, déjà mis en déroute, ainsi que les Russes venus à leur secours ; et les battant, les désarmant, partout où il peut les rencontrer, il fait passer à son armée, l'Ips, l'Élaph, le Trasen, et il vient prendre position sous les murs de Vienne, à Saint-Hippolyte et à Molk (1).

Tandis que tout fuyoit devant lui, d'autres événemens se passoient dans une autre partie de l'Autriche ; plus de vingt mille Russes, qui s'étoient avancés jusque sur la rive droite

---

(1) Jadis forteresse imprenable, construite par l'empereur Commode, devenue, de nos jours, la paisible retraite de riches Bénédictins.

du Danube, venoient de repasser précipitamment ce fleuve à Crems ; et après avoir détruit et incendié le pont, qu'ils laissoient derrière eux, ils s'étoient retirés aux environs de Stein, où ils se croyoient à l'abri des poursuites de l'ennemi, lorsque *Mortier*, qui longeoit la rive gauche du Danube, et qui croyoit n'avoir à faire qu'à une arrière-garde, se vit, avant la pointe du jour, en face du corps d'armée russe, n'ayant que six mille hommes à lui opposer. De part et d'autre, le combat fut jugé inévitable ; les Russes, comptant sur la supériorité du nombre, profitèrent des dernières heures de la nuit et d'une neige épaisse, qui les aidoit à cacher leur mouvement, pour cerner, avec une présomptueuse confiance, la colonne française à Diernstein. Celle-ci les attendit de pied ferme, formant un bataillon carré et l'action s'engagea. Le nombre d'un côté, la nécessité de vaincre de l'autre, firent faire aux deux partis des efforts incroyables, et la victoire fut incertaine jusqu'au coucher du soleil ; alors, les Russes harassés, effrayés de voir une poignée d'hommes leur opposer une résistance si opiniâtre, s'arrêtent tout à coup, et ralentissent leur attaque. Les

Français, au contraire, qui les voient ébranlés, redoublent de courage, parviennent à les enfoncer, et mettent en déroute tout ce qui s'oppose à eux. Les Russes, en fuyant, abandonnent une grande quantité de prisonniers, leur artillerie et une partie de leurs drapeaux.

Les Français, restés maîtres du village de Loiben, croyoient la journée finie ; mais l'ennemi irrité par l'échec qu'il venoit d'éprouver, honteux d'avoir été contraint de céder à des forces si inférieures, après avoir donné quelques heures au repos et reformé ses colonnes, vient de nouveau les attaquer. Ce combat fut encore plus meurtrier que le premier, non-seulement par l'animosité récente qui enflammoit chaque soldat, mais parce que la nuit déroboit à tous les yeux, les traits de bravoure des deux partis. Ce n'étoit point des bataillons qui alloient en attaquer d'autres, guidés par leurs drapeaux, animés par les regards de leurs chefs et soutenus par de l'artillerie et de la cavalerie ; c'étoit un combat d'homme à homme que la nuit couvrit bientôt de ses voiles épais. L'air et la terre retentissoient, au loin, des cris et des coups qui se portoient.

On ne se battoit plus pour vaincre, mais pour entraîner, en mourant, son adversaire dans sa chûte; enfin, les Français encouragés par leur général, à faire un dernier effort, marchent droit aux troupes qui les avoient tournés, et se font jour à travers les rangs de l'ennemi. Les Russes épouvantés par cette audace, craignant (ce qui étoit vrai) que les Français n'eussent reçu des renforts, n'ayant plus la même confiance dans leur nombre, précipitent leur retraite sur Olmutz et abandonnent le champ de bataille, couvert de leurs morts et de leurs blessés.

Peu de tems avant cet événement, on assure que l'Empereur d'Allemagne, s'était porté jusqu'à Wels, où il avoit appris le désastre de son armée, et que de retour à Vienne, il ne pensa plus qu'à abandonner sa capitale et à mettre sa personne en sûreté; on dit même que NAPOLÉON lui écrivit plusieurs fois pour l'engager à ne pas quitter sa résidence, et pour lui offrir la paix à des conditions qui n'avoient rien de déshonorant pour lui; mais il paroît certain, qu'ayant perdu toute espérance, et connoissant mal la grandeur d'âme du vainqueur, il prit le triste parti de la fuite.

Quel spectacle nouveau et affligeant que celui qu'offroit en ce moment l'héritier de tant d'empereurs, le successeur de tant de rois, abandonnant le siége de ses vastes états, accompagné d'une suite peu nombreuse, sans savoir quel peuple voudrait l'accueillir, de tous ceux qui peu de jours avant recevoient ses lois ; dans quelle contrée il chercheroit un asile assuré et d'où il pourroit tirer des secours : l'Autriche, l'Italie et le Tyrol sont perdus pour lui, la Hongrie chancèle, la Bohême est épuisée d'hommes et d'impôts, ses armées sont dispersées et affoiblies, chaque province, chaque ville est devenue suspecte. L'Impératrice éplorée accompagnoit ses pas, ses jeunes enfans pleuroient autour de lui, et les grands de sa cour, que la douleur avoit rendu muets, préféroient de partager le sort de leur maître, plutôt que d'être les témoins inutiles de cette déplorable situation. Sa marche étoit précédée par une partie de ses trésors, seuls restes de tant de grandeurs passées. Il étoit suivi par un peuple immense, qui, les yeux en pleurs, les mains levées au ciel, faisoit d'ardentes prières pour la conservation de son souverain et des jeunes héritiers de son trône ; il prioit pour lui-même, qui se voyoit sur le point de devenir la proie des vainqueurs, qu'on leur avoit dépeint comme des barbares. Peut-être même son ancien attachement pour son prince, et la crainte du danger qu'il couroit, l'eût-il porté à tous les excès auxquels se livre aisément une populace agitée, si la pitié, et cette même crainte ne l'eussent retenu, et s'il n'eût reconnu parmi les fugitifs, ces ministres odieux qu'il regardoit comme les seuls auteurs de tous ses maux. C'est ainsi que ce monarque, au milieu du deuil général, s'éloignant les yeux fixés sur son palais, court en Moravie rejoindre les débris de son armée et toutes les forces russes qui venoient de s'y concentrer.

Pendant ce tems, d'autres soins occupoient le vainqueur : à peine l'Empereur d'Allemagne a-t-il quitté sa capitale, que les personnes de tous les rangs, et ce peuple lui-même, si léger dans ses goûts, si inconstant dans ses affections, tournèrent leurs regards vers l'Empereur des Français, arrivé sous les murs d'une ville sans défense. Ses magistrats, ses premiers citoyens vont au-devant de lui ; et, pour la première fois, déposant avec crainte et affliction, à ses pieds, les clefs de la capitale, ils implorent sa générosité pour eux et pour leurs concitoyens. Sa clémence les rassure, leur courage renaît, ils osent lever sur le vainqueur leurs regards abattus, et s'étonnent de ne trouver dans ses traits aucune trace de cette barbarie dont ses ennemis l'accusoient artificieusement. Ils se familiarisent peu à peu avec les soldats et les officiers, et partout ils trouvent la douceur et l'urbanité françaises. Alors ils s'empressent de les introduire dans leur ville, dans le palais de leurs anciens souverains, et ils les y accueillent, non-seulement comme des vainqueurs et des maîtres, mais comme des amis qui leur sont devenus chers. Une foule innombrable de jeunes filles, d'enfans, de jeunes gens et de vieillards, court avec des acclamations, à la lueur des flambeaux, l'olivier de la paix à la main, inonde les rues, les temples, les portiques, et fait retentir l'air de ses cris de joie : chacun s'efforce de voir et d'approcher un Français ; mais tous se précipitent au-devant d'un seul, l'œil avide de découvrir le héros, le grand capitaine, l'unique objet de leur admiration.

Les Ministres du souverain fugitif et ses alliés, bien loin de se croire entièrement vaincus, et passant lorsqu'il n'en étoit plus tems, de la terreur à l'extrême confiance, attribuèrent moins leur défaite à la valeur des ennemis et au génie de leur chef, qu'à la lâcheté des Autrichiens, à l'arrivée tardive des secours, aux fautes, à la rivalité de leurs généraux, à la témérité des assaillans, et à cette fortune, qui depuis si long-tems, paroissoit aveuglément suivre le char de Napoléon; mais, disoient-ils, cette inconstante déesse peut rabaisser celui qu'elle éleva, et la prise de Vienne ne décide point du sort de l'Empire, puisque l'Empereur est en sûreté, le prince Charles vient d'arriver en Hongrie avec trente - six mille hommes, et Alexandre brûle de mener au combat ses cent mille soldats.

En attendant, ce dernier accueille dans son camp, au milieu de ses troupes et des grands de sa cour, son allié infortuné, dont la destinée est telle, qu'au sein même de ses états, il est comme sur une terre étrangère, et livré à sa discrétion. Pour relever son courage, il lui fait envisager la possibilité de reconquérir ses provinces, et lui assure qu'avec leurs forces réunies, ils pourront aisément envahir d'autres pays, s'emparer de l'Empire français, en faire entre eux le partage, et donner à leurs alliés une partie de son territoire

Le bruit de ces folles espérances étoit parvenu jusqu'à l'Empereur des Français, et c'est alors qu'il résolut de livrer une bataille qui pût décider du sort de la guerre. La jonction de ses armées d'Allemagne et d'Italie venoit de s'opérer; il avoit jeté des garnisons partout où il les avoit cru nécessaires pour s'assurer de différents points importants, et il lui étoit facile de s'apercevoir que l'ennemi ne cherchoit qu'à gagner du tems par des propositions de paix inadmissibles. Cette résolution prise, il ordonne à *Murat* de se porter en Moravie avec une partie de ses légions; il quitte Vienne, suivi de son armée, forte au plus de quatre-vingt mille hommes, et il vient prendre position dans les plaines d'Austerlitz, à peu de distance d'Olmutz.

L'Europe étonnée vit un spectacle inouï jusqu'alors. Trois Empereurs, trois grandes armées prêtes à se détruire, se trouvèrent réunies sur un petit point du globe; et du sort de ces armées alloit dépendre celui du monde entier. D'un côté, les destinées de l'Empereur d'Allemagne et de l'Empire, l'honneur des armées russes, la réputation naissante de ce jeune prince, qui, le premier, depuis Pierre-le-Grand, les commandoit en personne, et enfin la vie même de deux puissans monarques; de l'autre, la gloire et le nom de BONAPARTE, toujours intact, soumis à une nouvelle épreuve; des victoires récentes qu'il falloit s'assurer par une dernière victoire; la couronne à raffermir sur sa tête; enfin le sort de la France et de l'Europe, incertain encore, après tant de calamités et de sang répandu. Tels étoient les grands intérêts confiés au sort de ces armées.

La renommée publia que NAPOLÉON, peu de jours avant de livrer la bataille, avoit examiné, du haut de son bivouac, la position retranchée des ennemis, et qu'après avoir reconnu leurs deux camps, et jugé qu'il auroit cent vingt mille hommes à combattre, il dit plusieurs fois aux officiers qui l'entouroient : *Cette armée est à moi, si elle fait la faute d'abandonner les hauteurs qu'elle occupe.* Pour l'y engager et l'attirer dans un autre champ de bataille, il donne aussitôt l'ordre de la retraite, et il se rapproche des renforts qui lui arrivoient de l'Autriche. Les Russes, inexpérimentés, prennent cette marche pour une fuite, et leur ignorance de l'art de la guerre les fait persister dans cette opinion. C'est en vain que plusieurs vieux généraux autrichiens les préviennent de se méfier de ces apparences, leur disent que ce n'est pas avec cette confiance qu'il faut marcher contre une armée qui compte tant de vieux soldats, commandés par un si grand capitaine ; que les premiers ne savent ce que c'est que de fuir, et que l'autre ne connut jamais d'autre chemin que celui qui mène à la victoire.

Soit que ces conseils fissent sur eux quelque impression, soit qu'ils craignissent de tout hasarder dans une seule journée, ils résolurent d'offrir encore une fois la paix, mais à des conditions viles et outrageantes. L'empereur des Français contint son indignation en les écoutant ; mais en congédiant leur ambassadeur, il ajouta : *Je ne consentirai jamais à de pareilles propositions, lors même que je verrois flotter vos drapeaux sur les hauteurs qui environnent ma capitale.* Aussitôt il fait faire volte-face à son armée ; que les ennemis poursuivoient hardiment, comme si elle eût été en déroute ; et il se prépare à combattre pour la dernière fois.

C'étoit la nuit qui précède le second jour de décembre 1805, jour d'heureux augure, anniversaire de celui où, l'année précédente, il ceignit son front du diadème impérial. Le souvenir en est cher à ses soldats, et dans l'ivresse de leur joie, ils agitent dans les airs des brandons allumés, attachés, en un instant, à des milliers de perches. En présence de l'ennemi, sur une terre dépouillée, et par un tems pluvieux, ils veulent lui donner une fête digne des lieux où elle se passe, et ils demandent à grands cris qu'on les mène au combat. NAPOLÉON jouit des transports de son armée ; il s'y dérobe bientôt pour parcourir les bivouacs, sans être reconnu, pour visiter les grandes gardes, et s'assurer de leur vigilance ; mais avant que de rentrer dans cette illustre cabane, qui lui tient lieu de palais, il profite des ombres de la nuit, pour porter ses avant-postes au-delà du ruisseau qui les sépare des ennemis, ensevelis dans un profond sommeil. Ce mouvement, lorsque le jour permit de l'apercevoir, enhardit ses troupes, et intimida celles qui leur étoient opposées.

Il est nécessaire d'indiquer ici, et en peu de mots, comment tant de forces venues de pays si éloignés, se trouvoient campées aussi près les unes des autres.

On voyoit une plaine immense, coupée d'intervalle en intervalle par de longues suites de collines, au bas desquelles couloit un ruisseau, et de chaque côté de ses rives, le terrein se formoit en talus ; les neiges et la boue amoncelées l'avoit rendu très-glissant, et la pente en étoit aussi douce que la montée en étoit difficile. Les armées ennemies s'étendoient sur deux lignes presque parallèles, faisant face l'une à l'autre. Les sentinelles perdues, postées au bas du vallon, n'étoient séparées que par la largeur du ruisseau.

A peine l'aube du jour paroît, que l'armée des deux Empereurs vient se ranger devant eux en ordre de bataille : le monarque autrichien en parcourt le premier les rangs ; son air abattu et ses vêtemens négligés annoncent les revers qu'il vient d'éprouver ; de la voix et de la main, il semble demander pour lui, pour ses enfans, l'appui de chaque soldat. Tandis qu'il rappelle à ses troupes et à celles de son allié, leur antique valeur, Alexandre le suit entouré de ses capitaines, se porte en avant de ses bataillons, et les harangue ainsi :

« Soldats ! mes compagnons, le Dieu des armées et votre maître, ne vous ont point conduits jusqu'ici, par des marches longues et pénibles, pour ravager des contrées étrangères, ou satisfaire mon ambition par de nouvelles conquêtes. La raison, et plus encore l'honneur, vous appellent à la défense de mon ancien et puissant allié, et jamais cause plus juste n'arma le bras de vos aïeux. Un peuple, un homme à qui l'empire du Monde suffiroit à peine, vient de dépouiller l'Empereur d'Allemagne du royaume de ses pères; vous voyez ce monarque infortuné, trahi par les siens, obligé de fuir avec sa famille, et ne trouvant d'autre asile que dans mon camp. Il n'attend plus rien que de votre courage, et il ne l'aura point invoqué en vain; j'en ai fait le serment, je serai le premier à affronter les dangers. Souvenez-vous, soldats, de la réputation de valeur que vous avez acquise aux yeux de l'Univers. Rappelez-vous que vos ennemis sont ces mêmes Français que vous avez vaincus si glorieusement sur les bords de la Trebbia; enfin, n'oubliez pas que la gloire ou un opprobre éternel vous attendent. Songez à sauver votre patrie et vos parens : que deviendront-ils si vous n'opposez votre intrépide courage au torrent dévastateur de ces audacieux ennemis, qui, après avoir pénétré dans le cœur de l'Allemagne, sont prêts, ainsi que les anciens brigands de Rome, à inonder vos contrées; mais surtout que la justice du ciel, ennemi des oppresseurs, soit votre plus ferme appui, et le gage assuré de votre victoire. »

Les Français, de leur côté, brûloient d'impatience d'en venir aux mains, lorsque Napoléon s'élance au milieu d'eux, donnant avec son épée le signal du silence, et disant à haute voix :

« Soldats! cette journée va décider si l'infanterie française est la seconde ou la première de l'Europe. Vous avez beaucoup fait en peu de tems; mais peut-être devez-vous plus vos succès à la terreur de vos armes, qu'à votre intrépidité, qu'il faut aujourd'hui déployer toute entière. Vous voyez devant vous les derniers débris des armées autrichiennes et les barbares furieux qui se présentent pour les venger; ils osent se vanter de vous arracher eux seuls vos honorables conquêtes; ils ne sont point arrêtés par les défaites qu'ils viennent d'éprouver. Ils crient la victoire ou la mort; mais nous savons tous à laquelle ils doivent s'attendre; vous ne ferez aucun traité avec eux; qu'ils ne puissent ni fuir, ni échapper; qu'ils trouvent par-tout la mort ou des fers. Les siècles passés ne présentent point un champ de bataille plus couvert de gloire, que celui que la fortune favorable vous offre aujourd'hui ; vous avez deux armées à disperser et deux Empereurs à vaincre. Ce n'est point par un aveugle hasard que vous êtes conduits à combattre en ce jour. Il y a un an que le vœu du peuple français me fit monter sur le trône ; il y a un an que vous m'élevâtes sur vos boucliers; nous jurâmes alors, vous, de défendre la patrie et ma personne ; et moi, de conserver la renommée du nom français et la splendeur de mon diadême. Nous tiendrons nos sermens, et ce jour sera le dernier de nos glorieux travaux ; les ennemis vaincus iront attester votre valeur aux nations les plus reculées, et vous reviendrez jouir du repos dans le sein de votre patrie. Désormais celui qui voudra désigner un brave, dira, il était à la bataille d'Austerlitz. »

Il dit, et forme son armée en trois corps. L'aile droite, commandée par *Soult*, s'appuie à l'abbaye de Reigernn, que *Davoust* avoit enlevée à l'ennemi la veille, et qu'il s'étoit hâté de fortifier. *Lannes* est à la tête de l'aile gauche; il occupe Santon, poste avantageux garni d'une artillerie formidable. *Bernadotte* dirige le centre; toute la cavalerie, réunie sur un seul point, obéit à *Murat*. L'Empereur avec *Berthier*, son fidèle compagnon de guerre, se place à la réserve avec les bataillons de sa garde et les grenadiers d'*Oudinot*. De là, il est prêt à se précipiter partout où sa présence deviendroit nécessaire, à fondre de tous côtés sur l'ennemi, et à renverser tous les obstacles.

C'est dans le même ordre que l'armée des coalisés, ayant les Autrichiens à sa gauche, se déploya, mais sur un front plus étendu et occupant un espace de plus de douze milles. La droite est commandée par Buxhofoden, la gauche par Bragration, le centre par Kutusow, et la cavalerie par Lichtenstein. Auprès de lui vient se ranger l'élite de la garde impériale russe; l'Empereur et Constantin son frère sont à sa tête; ils exhortent leurs troupes à combattre et à vaincre.

Telle étoit la situation et la force des armées en présence, lorsqu'on s'aperçut que les Français avoient passé le ruisseau qui les séparoit. Les alliés croyant qu'ils avoient emporté cette position l'épée à la main, abandonnent aussitôt les hauteurs et défilent dans la plaine pour tourner leur aile droite.

La bataille se donne, et jamais, depuis

l'invention des armes à feu, on n'en avoit vu de plus ressemblante, par la lutte et le carnage, à celles des anciens. Les combattans se trouvèrent bientôt si rapprochés et tellement mêlés, que de part et d'autre on ne se servit plus que de l'épée et de la bayonnette.

L'aile droite des Russes eut d'abord un léger avantage, leur artillerie foudroyoit les Français, qu'ils cherchoient, en même tems, à intimider par des hurlemens affreux; mais ce qui servoit surtout à leur défense, c'était la nature du terrein qu'ils occupoient. Postés en force sur le sommet d'une colline, ils renversoient avec leurs armes tout ce qui vouloit les attaquer. Les Français arrêtés, à chaque pas, par les neiges et les boues, culbutés les uns sur les autres, roulent au fond du vallon ; deux fois leur aile gauche est repoussée et deux fois *Lannes* la ramène au combat. Furieux de trouver une résistance aussi opiniâtre, ils se serrent et reviennent à la charge. L'ennemi, que tant d'intrépidité épouvante, et qui se voit assailli de toutes parts, ne sait de quel côté faire tête ; la voix de ses chefs ne se fait plus entendre, aucun secours ne lui arrive, et ses rangs s'éclaircissent. Sans ordre, il se divise en deux troupes, affoiblit son centre, et par cette fausse manœuvre, se trouve hors d'état de conserver sa position; il fuit enfin, et cherche à se replier derrière la ligne, qu'il croit placée pour le soutenir.

Quatre heures s'étoient à peine écoulées, depuis que le jour avoit paru, et l'on pouvoit déjà regarder la journée comme décidée sur ce point. Les Français ne s'y battirent plus que pour achever leur victoire, les Austro-Russes pour assurer leur fuite et éviter la mort.

A peine ces derniers s'étoient-ils débandés, que les troupes françaises se précipitent sur eux; se ressouvenant des paroles de leur invincible chef, elles les arrêtent partout, et n'éprouvant qu'une résistance foible et incertaine, elles en font un carnage effroyable. Le terrein, d'abord si favorable à leur défense, contribue lui-même à leur perte; poursuivis avec archarnement, lorsqu'ils ont dépassé l'intervalle qui sépare la colline qu'ils abandonnent, du mammelon qu'ils veulent atteindre, ils se trouvent sur une pente glissante, qui en même tems qu'elle favorise leur fuite, donne également à l'ennemi la facilité de plonger sur eux et de les écraser. Ils perdent alors l'espérance de pouvoir gagner la hauteur qui devoit les protéger : harassés de fatigue et pressés de tous côtés, ils tombent sous les coups qu'ils cherchent à rendre, même en mourant, jettent les armes ou se livrent à la discrétion du vainqueur.

Tandis que sur leur droite les Russes plioient de toutes parts, Bragration, à la tête de l'aile gauche, soutenoit avec courage tous les efforts de l'ennemi, et espéroit avoir seul l'honneur de cette journée. Par une manœuvre aussi imprudente qu'audacieuse, il étend sa ligne pour déborder celle des Français et tomber sur ses derrières ; mais tout à coup *Davoust* débouche de Reigern, et fond sur lui. Les Russes étonnés s'arrêtent d'abord à cette attaque imprévue; mais, forcés par la nécessité, ils combattent avec acharnement jusqu'au coucher du soleil, et le champ de bataille reste couvert des blessés et des morts des deux partis.

Les plus grands coups se portoient au centre, où l'élite des deux armées se trouvoit réunie; les Russes opposoient non-seulement une résistance vigoureuse, mais ils tâchoient encore de porter le désordre dans les rangs des Français. Ils les attaquèrent avec tant de fureur, qu'ils parvinrent d'abord à les faire plier. Alors l'infanterie s'ouvre, et *Murat* s'élançant, charge avec impétuosité leur cavalerie; tantôt vainqueur, tantôt repoussé, il finit par s'emparer de la position retranchée qu'ils occupoient sur les hauteurs; de son côté, *Bernadotte*, secondant avec ses bataillons son attaque, ils forcent les Russes à se replier en désordre sur Olmütz et les y poursuivent l'épée dans les reins. La nouvelle de leur déroute y étoit déjà parvenue. Alexandre et son frère marchent aussitôt à la tête de la réserve pour rétablir le combat; il s'engage de nouveau avec l'acharnement que donnoit à un parti la honte de la défaite et le désir de la venger; à l'autre, la rage de se voir disputer encore un succès qu'il croyoit assuré; la mort parcourt les rangs, et la victoire est incertaine.

Alors les Russes, animés par la présence de leur souverain, chargent avec fureur la cavalerie française; celle-ci, pour les attirer dans un piége, ou pour reformer ses rangs, se replie derrière l'infanterie; les premiers, emportés par un courage aveugle, n'écoutant plus leurs chefs, la poursuivent dans le plus grand désordre, sans prévoir le sort qui les attend;

à peine ont-ils dépassé la ligne de l'infanterie, qu'elle referme ses intervalles et que la cavalerie se présente en ordre de bataille. Tous alors, de concert, fondent sur les Russes, qui, quoique enveloppés de toutes parts, se défendent avec intrépidité. Mais bientôt ils ne peuvent résister au choc des Français, et tout ce qui échappe au carnage est obligé de mettre bas les armes.

Mais une fin plus déplorable encore étoit réservée à une autre colonne russe : elle fuyoit, et partout elle se trouvoit arrêtée par les dispositions qu'avoit faites l'Empereur des Français. L'espoir qu'elle avoit eu de conserver la vie, lui rendoit encore plus terrible les approches d'une mort qui devenoit inévitable ; enfin, ce corps entièrement cerné et ne connoissant point la nature du terrain, court se réfugier sur un lac immense, dont la surface est prise par les glaces, et croit y trouver sa sûreté. Plus de huit mille hommes, chassés de position en position, viennent s'y précipiter. La glace, trop foible pour résister à ce poids, se brise sous leurs pieds, éclate avec un bruit pareil à celui du tonnerre, et ne leur offre plus, au lieu d'asile, qu'un abîme épouvantable prêt à les engloutir. Le vainqueur, qui les avoit acculé dans ce gouffre, ordonne à son artillerie de rompre la glace, assez épaisse sur les bords pour pouvoir leur présenter un dernier refuge. Aussitôt on voit ces malheureux disparoître et revenir sur les ondes, s'accrocher les uns aux autres, et saisir pour se sauver les glaçons flottans autour d'eux. Vains efforts, le lac devient leur tombeau, et ceux qui échappent à la mort sont forcés de se rendre aux troupes françaises, qui, postées sur ses rives, leur ordonnent, d'une voix menaçante, de mettre bas les armes.

C'est ainsi que NAPOLÉON remporta la victoire à la bataille d'Austerlitz, victoire qui lui ouvrit le chemin de l'empire du Monde; et tandis qu'il détache une partie de ses forces pour achever de disperser l'aile droite des Russes, qui en vain se défendoient encore, qu'il dirige d'autres colonnes sur Olmutz, où s'étoient retirés les princes avec les débris de leur armée; il rentre dans son camp pour y calculer les avantages qu'il doit retirer d'un succès aussi éclatant; mais tout à coup, sur la fin du troisième jour, il voit paroître l'Empereur d'Allemagne, qui s'avançoit suivi d'une foible escorte, accompagné d'un seul de ses courtisans et offrant l'exemple le plus mémorable des vicissitudes de la fortune. Ce souverain, en traversant le champ de bataille, avoit pu s'assurer de sa défaite, il l'avoit vu couvert de ses soldats, il avoit entendu les plaintes et les cris des mourans, et à ce spectacle douloureux il se hâta sans doute de venir demander la paix au vainqueur. On assure que le monarque français ayant fait taire tous les ressentimens, et la modération peinte sur le visage, vint le recevoir à la porte de l'humble cabane qu'il occupoit; et tous les témoins de cette entrevue, avides de recueillir les premières paroles de ces deux princes, cherchant à deviner leur intention, par ce qui se passoit sur leur figure, remarquèrent, que si l'un d'eux se montra sans la fierté que donne la victoire, l'autre ne parut point abattu par ses malheurs.

Leur suite s'étant retirée et l'entretien devenu secret, on ignore quel en fut le résultat positif. Il est à présumer, cependant, qu'ils convinrent des premières bases de la paix, puisque à peine se furent-ils séparés, que les hostilités cessèrent. L'armée française fut félicitée par son chef sur ses brillans succès; il lui annonça le partage de cent millions, produit des riches dépouilles enlevées à l'Allemagne, et il fut permis au monarque russe et aux débris de son armée de se rendre sur leurs foyers, sans être inquiétés dans leur retraite.

Toutes ces dispositions furent exécutées ; et peu de tems après les plénipotentiaires, réunis à Presbourg, capitale de la Hongrie, signèrent, le 27 décembre, le traité d'une paix si ardemment désirée. Par les conditions, l'Empereur d'Allemagne céda, au nouveau royaume d'Italie, la ville de Venise et tout le pays qui jadis formoit la meilleure partie des possessions de cette ancienne république : comme l'Istrie, la Dalmatie, l'Esclavonie et la mer Adriatique. La Bavière fut agrandie du Tyrol, des principautés de Trente et de Brixen, situées sur le revers des Alpes noriques ; et le duché de Wirtemberg, de tout ce que la maison d'Autriche possédoit en Souabe. Le domaine de ces princes s'étant ainsi accru, NAPOLÉON érigea la Bavière et le Wirtemberg en royaumes, et pour resserrer plus étroitement, et par de nouveaux liens, l'alliance qu'il formoit avec ces souverains, il conclut le mariage de son fils adoptif, *Eugène-Napoléon*, vice-roi d'Italie, avec une des filles du Roi de Bavière.

Ainsi, la force du génie d'un seul homme dispersa, en moins de trois mois, cette nouvelle coalition, formée par la haine et par l'or de l'Angleterre ; ainsi se termina cette nouvelle guerre, que toutes les forces de l'Europe réunies, sembloient devoir rendre éternelle, et qui montra que l'Empereur des Français étoit parvenu à un tel degré de puissance, que tout ce qui arrivoit d'heureux ou de malheureux à Napoléon, devoit influer sur les destinées de l'Univers.

Ainsi finit l'année 1805, année mémorable et glorieuse pour les Français et pour leur Souverain ; funeste aux Anglais, par leurs pertes personnelles et par celles de leurs alliés, et qui fut sur le point d'être la dernière de la monarchie autrichienne.

F I N.

www.ingramcontent.com/pod-product-compliance
Lightning Source LLC
LaVergne TN
LVHW021702080426
835510LV00011B/1541